This Book Belongs to:

_____

Upfly Books

A MESSAGE TO YOU

Hey there, little superstar!

We're gearing up for an epic 100-book adventure together! From today, our challenge is to dive into captivating stories and share our thoughts on them each day. But guess what? It's not all about how fast you read or how many pages you jot down on.

The true magic? It's in discovering incredible tales, uncovering amazing facts, and pondering how these new learnings can sparkle in your everyday life. That's where the treasure is!

Think of this journal as a magical key, unlocking realms of wonder and letting your thoughts fly high. Ready to embark? As we journey together, remember: every story is a new world just waiting to be explored!

Happy reading and let your imagination spread its wings!

With heaps of love,

Upfly Books

How to Use This Journal

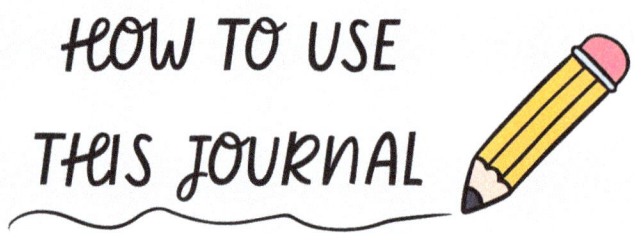

- ☑ **Daily Adventures**
  Try to read and journal every day. A little each day makes a big difference!

- ☑ **Missed a Day? It's Okay!**
  Life is full of surprises, and sometimes we might skip a day or two. Just hop back in when you're ready!

- ☑ **Your Pace for Monthly Reflections**
  After 30 book entries, there's a 'Monthly Review' page. It's your special moment to look back at your reading journey. Do it at your own pace, and celebrate your progress!

- ☑ **Keep Going**
  Every story is a new adventure. If you face any bumps, remember, it's all part of the journey.

Let's Get
Rolling!

BOOK CHALLENGE #1

TITLE: ....

 MY FEELINGS   **AHA! MOMENTS**

 MY FAVOTE PARTS

☐ _____
☐ _____
☐ _____
☐ _____
☐ _____

 **MY ACTION STEPS**

BOOK CHALLENGE #2

TITLE: ....

 MY FEELINGS

 AHA! MOMENTS

 MY FAVOTE PARTS

☐ _____
☐ _____
☐ _____
☐ _____
☐ _____

 **MY ACTION STEPS**

BOOK CHALLENGE #3

TITLE: ....

 MY FEELINGS

 AHA! MOMENTS

 MY FAVOTE PARTS

☐ _____
☐ _____
☐ _____
☐ _____
☐ _____

 MY ACTION STEPS

BOOK CHALLENGE #4

TITLE: ....

 MY FEELINGS

 AHA! MOMENTS

 MY FAVOTE PARTS

- ☐ _____
- ☐ _____
- ☐ _____
- ☐ _____
- ☐ _____

 **MY ACTION STEPS**

BOOK CHALLENGE #5

TITLE: ....

 MY FEELINGS

 AHA! MOMENTS

 MY FAVOTE PARTS

- ☐ _____
- ☐ _____
- ☐ _____
- ☐ _____
- ☐ _____

 **MY ACTION STEPS**

BOOK CHALLENGE #6

TITLE: ....

 MY FEELINGS

 AHA! MOMENTS

 MY FAVOTE PARTS

- ☐ _____
- ☐ _____
- ☐ _____
- ☐ _____
- ☐ _____

 **MY ACTION STEPS**

BOOK CHALLENGE #7

TITLE: ....

 MY FEELINGS

 AHA! MOMENTS

 MY FAVOTE PARTS

- [ ] _____
- [ ] _____
- [ ] _____
- [ ] _____
- [ ] _____

 MY ACTION STEPS

BOOK CHALLENGE #8

TITLE: ....

 MY FEELINGS

 AHA! MOMENTS

 MY FAVOTE PARTS

- [ ] _____
- [ ] _____
- [ ] _____
- [ ] _____
- [ ] _____

BOOK CHALLENGE #9

TITLE: ....

 MY FEELINGS

 AHA! MOMENTS

 MY FAVOTE PARTS

- [ ] _____
- [ ] _____
- [ ] _____
- [ ] _____
- [ ] _____

 MY ACTION STEPS

BOOK CHALLENGE #10

TITLE: ....

 MY FEELINGS    **AHA! MOMENTS**

 MY FAVOTE PARTS

☐ _____
☐ _____
☐ _____
☐ _____
☐ _____

 **MY ACTION STEPS**

BOOK CHALLENGE #11

TITLE: ....

 MY FEELINGS

 AHA! MOMENTS

 MY FAVOTE PARTS

- [ ] _____
- [ ] _____
- [ ] _____
- [ ] _____
- [ ] _____

 MY ACTION STEPS

BOOK CHALLENGE #12

TITLE: ....

 MY FEELINGS

 AHA! MOMENTS

 MY FAVOTE PARTS

- ☐ _____
- ☐ _____
- ☐ _____
- ☐ _____
- ☐ _____

 **MY ACTION STEPS**

BOOK CHALLENGE #13

TITLE: ....

 MY FEELINGS

 AHA! MOMENTS

 MY FAVOTE PARTS

- ☐ _____
- ☐ _____
- ☐ _____
- ☐ _____
- ☐ _____

 **MY ACTION STEPS**

BOOK CHALLENGE #14

TITLE: ....

 MY FEELINGS   **AHA! MOMENTS**

 MY FAVOTE PARTS

- ☐ _____
- ☐ _____
- ☐ _____
- ☐ _____
- ☐ _____

# BOOK CHALLENGE #15

TITLE: ....

 MY FEELINGS

 AHA! MOMENTS

 MY FAVOTE PARTS

- ☐ _____
- ☐ _____
- ☐ _____
- ☐ _____
- ☐ _____

 **MY ACTION STEPS**

BOOK CHALLENGE #16

TITLE: ....

 MY FEELINGS

 AHA! MOMENTS

 MY FAVOTE PARTS

- ☐ _____
- ☐ _____
- ☐ _____
- ☐ _____
- ☐ _____

 **MY ACTION STEPS**

BOOK CHALLENGE #17

TITLE: ....

 MY FEELINGS

 AHA! MOMENTS

 MY FAVOTE PARTS

☐ _____
☐ _____
☐ _____
☐ _____
☐ _____

 MY ACTION STEPS

# BOOK CHALLENGE #18

TITLE: ....

⭐ MY FEELINGS AHA! MOMENTS

 MY FAVOTE PARTS

- ☐ _____
- ☐ _____
- ☐ _____
- ☐ _____
- ☐ _____

 MY ACTION STEPS

# BOOK CHALLENGE #19

TITLE: ....

 MY FEELINGS

 AHA! MOMENTS

 MY FAVOTE PARTS

☐ _____
☐ _____
☐ _____
☐ _____
☐ _____

 MY ACTION STEPS

# BOOK CHALLENGE #20

TITLE: ....

 MY FEELINGS

 AHA! MOMENTS

 MY FAVOTE PARTS

☐ ....
☐ ....
☐ ....
☐ ....
☐ ....

 MY ACTION STEPS

# BOOK CHALLENGE #21

TITLE: ....

⭐ MY FEELINGS   AHA! MOMENTS

 MY FAVOTE PARTS

- [ ] _____
- [ ] _____
- [ ] _____
- [ ] _____
- [ ] _____

 MY ACTION STEPS

BOOK CHALLENGE #22

TITLE: ....

 MY FEELINGS

 AHA! MOMENTS

 MY FAVOTE PARTS

☐ _____
☐ _____
☐ _____
☐ _____
☐ _____

BOOK CHALLENGE #23

TITLE: ....

 MY FEELINGS   AHA! MOMENTS

 MY FAVOTE PARTS

☐ _____
☐ _____
☐ _____
☐ _____
☐ _____

 MY ACTION STEPS

BOOK CHALLENGE #24

TITLE: ....

 MY FEELINGS

 AHA! MOMENTS

 MY FAVOTE PARTS

- ☐ _____
- ☐ _____
- ☐ _____
- ☐ _____
- ☐ _____

 MY ACTION STEPS

# BOOK CHALLENGE #25

TITLE: ....

 MY FEELINGS

 AHA! MOMENTS

 MY FAVOTE PARTS

- ☐ _____
- ☐ _____
- ☐ _____
- ☐ _____
- ☐ _____

 MY ACTION STEPS

BOOK CHALLENGE #26

TITLE: ....

 MY FEELINGS

 AHA! MOMENTS

 MY FAVOTE PARTS

- ☐ _____
- ☐ _____
- ☐ _____
- ☐ _____
- ☐ _____

BOOK CHALLENGE #27

TITLE: ....

 MY FEELINGS

 AHA! MOMENTS

 MY FAVOTE PARTS

- ☐ _____
- ☐ _____
- ☐ _____
- ☐ _____
- ☐ _____

 MY ACTION STEPS

BOOK CHALLENGE #28

TITLE: ....

 MY FEELINGS

 AHA! MOMENTS

 MY FAVOTE PARTS

- [ ] _____
- [ ] _____
- [ ] _____
- [ ] _____
- [ ] _____

 **MY ACTION STEPS**

# BOOK CHALLENGE #29

TITLE: ....

 MY FEELINGS

 AHA! MOMENTS

 MY FAVOTE PARTS

- [ ] _____
- [ ] _____
- [ ] _____
- [ ] _____
- [ ] _____

 **MY ACTION STEPS**

# BOOK CHALLENGE #30

TITLE: ....

 MY FEELINGS

 AHA! MOMENTS

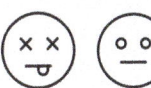

 MY FAVOTE PARTS

☐ _____
☐ _____
☐ _____
☐ _____
☐ _____

MONTHLY REVIEW

MONTH : ....

YEAR : ....

Sun	Mon	Tue	Wed	Thu	Fri	Sat

BEST BOOKS

1. ....
2. ....
3. ....
4. ....
5. ....

NOTES:

# BOOK CHALLENGE #31

TITLE: ....

 MY FEELINGS **AHA! MOMENTS**

 MY FAVOTE PARTS

- ☐ _____
- ☐ _____
- ☐ _____
- ☐ _____
- ☐ _____

 **MY ACTION STEPS**

BOOK CHALLENGE #32

TITLE: ....

 MY FEELINGS

 AHA! MOMENTS

 MY FAVOTE PARTS

☐ _____
☐ _____
☐ _____
☐ _____
☐ _____

 MY ACTION STEPS

# BOOK CHALLENGE #33

TITLE: ....

 MY FEELINGS

 AHA! MOMENTS

 MY FAVOTE PARTS

☐ _____
☐ _____
☐ _____
☐ _____
☐ _____

 MY ACTION STEPS

BOOK CHALLENGE #34

TITLE: ....

 MY FEELINGS

 AHA! MOMENTS

 MY FAVOTE PARTS

- ☐ _____
- ☐ _____
- ☐ _____
- ☐ _____
- ☐ _____

 MY ACTION STEPS

BOOK CHALLENGE #35

TITLE: ....

 MY FEELINGS AHA! MOMENTS

 MY FAVOTE PARTS

- [ ] _____
- [ ] _____
- [ ] _____
- [ ] _____
- [ ] _____

BOOK CHALLENGE #36

TITLE: ....

 MY FEELINGS

 AHA! MOMENTS

❤️ **MY FAVOTE PARTS**

☐ _____
☐ _____
☐ _____
☐ _____
☐ _____

BOOK CHALLENGE #37

TITLE: ....

 MY FEELINGS   AHA! MOMENTS

 MY FAVOTE PARTS

☐ _____
☐ _____
☐ _____
☐ _____
☐ _____

 MY ACTION STEPS

BOOK CHALLENGE #38

TITLE: ....

 MY FEELINGS   **AHA! MOMENTS**

 MY FAVOTE PARTS

☐ _____
☐ _____
☐ _____
☐ _____
☐ _____

 **MY ACTION STEPS**

BOOK CHALLENGE #39

TITL E: ....

 MY FEELINGS

 AHA! MOMENTS

 MY FAVOTE PARTS

☐ _____
☐ _____
☐ _____
☐ _____
☐ _____

 MY ACTION STEPS

BOOK CHALLENGE #40

TITLE: ....

 MY FEELINGS

 AHA! MOMENTS

 MY FAVOTE PARTS

☐ _____
☐ _____
☐ _____
☐ _____
☐ _____

 **MY ACTION STEPS**

BOOK CHALLENGE #41

TITLE: ....

 MY FEELINGS

 AHA! MOMENTS

 MY FAVOTE PARTS

- ☐ _____
- ☐ _____
- ☐ _____
- ☐ _____
- ☐ _____

 MY ACTION STEPS

 # BOOK CHALLENGE #42

TITLE: ....

 MY FEELINGS

 AHA! MOMENTS

 MY FAVOTE PARTS

- [ ] _____
- [ ] _____
- [ ] _____
- [ ] _____
- [ ] _____

 **MY ACTION STEPS**

# BOOK CHALLENGE #43

TITLE: ....

 MY FEELINGS   **AHA! MOMENTS**

 MY FAVOTE PARTS

☐ _____
☐ _____
☐ _____
☐ _____
☐ _____

BOOK CHALLENGE #44

TITLE: ....

 MY FEELINGS

 AHA! MOMENTS

 MY FAVOTE PARTS

- [ ] _____
- [ ] _____
- [ ] _____
- [ ] _____
- [ ] _____

 MY ACTION STEPS

BOOK CHALLENGE #45

TITLE: ....

 MY FEELINGS

 AHA! MOMENTS

 MY FAVOTE PARTS

- [ ] _____
- [ ] _____
- [ ] _____
- [ ] _____
- [ ] _____

 MY ACTION STEPS

BOOK CHALLENGE #46

TITLE: ....

 MY FEELINGS

 AHA! MOMENTS

 MY FAVOTE PARTS

- [ ] _____
- [ ] _____
- [ ] _____
- [ ] _____
- [ ] _____

 **MY ACTION STEPS**

# BOOK CHALLENGE #47

TITLE: ....

 MY FEELINGS

 AHA! MOMENTS

 MY FAVOTE PARTS

- ☐ _____
- ☐ _____
- ☐ _____
- ☐ _____
- ☐ _____

 MY ACTION STEPS

# BOOK CHALLENGE #48

TITLE: ....

 MY FEELINGS

 AHA! MOMENTS

 MY FAVOTE PARTS

- [ ] _____
- [ ] _____
- [ ] _____
- [ ] _____
- [ ] _____

 MY ACTION STEPS

BOOK CHALLENGE #49

TITLE: ....

 MY FEELINGS AHA! MOMENTS

 MY FAVOTE PARTS

- [ ] _____
- [ ] _____
- [ ] _____
- [ ] _____
- [ ] _____

 MY ACTION STEPS

 # BOOK CHALLENGE #50

TITLE: ....

 MY FEELINGS

 AHA! MOMENTS

 MY FAVOTE PARTS

- ☐ _____
- ☐ _____
- ☐ _____
- ☐ _____
- ☐ _____

 MY ACTION STEPS

BOOK CHALLENGE #51

TITLE: ....

 MY FEELINGS   **AHA! MOMENTS**

 MY FAVOTE PARTS

☐ _____
☐ _____
☐ _____
☐ _____
☐ _____

 **MY ACTION STEPS**

 # BOOK CHALLENGE #52

TITLE: ....

 MY FEELINGS

 AHA! MOMENTS

 MY FAVOTE PARTS

- ☐ _____
- ☐ _____
- ☐ _____
- ☐ _____
- ☐ _____

 MY ACTION STEPS

BOOK CHALLENGE #53

TITLE: ....

 MY FEELINGS   AHA! MOMENTS

 MY FAVOTE PARTS

- ☐ _____
- ☐ _____
- ☐ _____
- ☐ _____
- ☐ _____

# BOOK CHALLENGE #54

TITL E: ....

 MY FEELINGS

 AHA! MOMENTS

 MY FAVOTE PARTS

- ☐ _____
- ☐ _____
- ☐ _____
- ☐ _____
- ☐ _____

 MY ACTION STEPS

BOOK CHALLENGE #55

TITLE: ....

 MY FEELINGS

 AHA! MOMENTS

 MY FAVOTE PARTS

- ☐ _____
- ☐ _____
- ☐ _____
- ☐ _____
- ☐ _____

 MY ACTION STEPS

# BOOK CHALLENGE #56

TITLE: ....

 MY FEELINGS   **AHA! MOMENTS**

 MY FAVOTE PARTS

☐ _____
☐ _____
☐ _____
☐ _____
☐ _____

 **MY ACTION STEPS**

BOOK CHALLENGE #57

TITLE: ....

 MY FEELINGS

 AHA! MOMENTS

 MY FAVOTE PARTS

- [ ] _____
- [ ] _____
- [ ] _____
- [ ] _____
- [ ] _____

 **MY ACTION STEPS**

BOOK CHALLENGE #58

TITLE: ....

 MY FEELINGS

 AHA! MOMENTS

 MY FAVOTE PARTS

- ☐ _____
- ☐ _____
- ☐ _____
- ☐ _____
- ☐ _____

 **MY ACTION STEPS**

# BOOK CHALLENGE #59

TITLE: ....

 MY FEELINGS

 AHA! MOMENTS

 MY FAVOTE PARTS

☐ _____
☐ _____
☐ _____
☐ _____
☐ _____

 # BOOK CHALLENGE #60

TITLE: ....

 MY FEELINGS   **AHA! MOMENTS**

 MY FAVOTE PARTS

☐ _____
☐ _____
☐ _____
☐ _____
☐ _____

monthly REVIEW

MONTH : ....
YEAR : ....

Sun	Mon	Tue	Wed	Thu	Fri	Sat

BEST BOOKS

1. ....
2. ....
3. ....
4. ....
5. ....

NOTES:

# BOOK CHALLENGE #61

TITLE: ....

 MY FEELINGS

 AHA! MOMENTS

 MY FAVOTE PARTS

- [ ] _____
- [ ] _____
- [ ] _____
- [ ] _____
- [ ] _____

 MY ACTION STEPS

BOOK CHALLENGE #62

TITLE: ....

 MY FEELINGS   **AHA! MOMENTS**

 MY FAVOTE PARTS

- ☐ _____
- ☐ _____
- ☐ _____
- ☐ _____
- ☐ _____

BOOK CHALLENGE #63

TITLE: ....

 MY FEELINGS

 AHA! MOMENTS

 MY FAVOTE PARTS

- [ ] _____
- [ ] _____
- [ ] _____
- [ ] _____
- [ ] _____

 **MY ACTION STEPS**

BOOK CHALLENGE #64

TITLE: ....

 MY FEELINGS

 AHA! MOMENTS

 MY FAVOTE PARTS

- [ ] _____
- [ ] _____
- [ ] _____
- [ ] _____
- [ ] _____

 **MY ACTION STEPS**

# BOOK CHALLENGE #65

TITLE: ....

 MY FEELINGS

 AHA! MOMENTS

 MY FAVOTE PARTS

☐ _____
☐ _____
☐ _____
☐ _____
☐ _____

 MY ACTION STEPS

BOOK CHALLENGE #66

TITLE: ....

 MY FEELINGS

 AHA! MOMENTS

 MY FAVOTE PARTS

- [ ] _____
- [ ] _____
- [ ] _____
- [ ] _____
- [ ] _____

 **MY ACTION STEPS**

# BOOK CHALLENGE #67

TITLE: ....

 MY FEELINGS   AHA! MOMENTS

 MY FAVOTE PARTS

- ☐ _____
- ☐ _____
- ☐ _____
- ☐ _____
- ☐ _____

 MY ACTION STEPS

BOOK CHALLENGE #68

TITLE: ....

 MY FEELINGS

 AHA! MOMENTS

 MY FAVOTE PARTS

- ☐ _____
- ☐ _____
- ☐ _____
- ☐ _____
- ☐ _____

 **MY ACTION STEPS**

# BOOK CHALLENGE #69

TITLE: ....

 MY FEELINGS

 AHA! MOMENTS

 MY FAVOTE PARTS

- ☐ _____
- ☐ _____
- ☐ _____
- ☐ _____
- ☐ _____

 MY ACTION STEPS

BOOK CHALLENGE #70

TITLE: ....

 MY FEELINGS

 AHA! MOMENTS

 MY FAVOTE PARTS

☐ _____
☐ _____
☐ _____
☐ _____
☐ _____

 MY ACTION STEPS

BOOK CHALLENGE #71

TITLE: ....

 MY FEELINGS

 AHA! MOMENTS

 MY FAVOTE PARTS

- [ ] _____
- [ ] _____
- [ ] _____
- [ ] _____
- [ ] _____

 MY ACTION STEPS

BOOK CHALLENGE #72

TITLE: ....

 MY FEELINGS　　　　 **AHA! MOMENTS**

 MY FAVOTE PARTS

☐ _____
☐ _____
☐ _____
☐ _____
☐ _____

BOOK CHALLENGE #73

TITLE: ....

 MY FEELINGS

 AHA! MOMENTS

 MY FAVOTE PARTS

☐ _____
☐ _____
☐ _____
☐ _____
☐ _____

 MY ACTION STEPS

BOOK CHALLENGE #74

TITL: ....

 MY FEELINGS   **AHA! MOMENTS**

 MY FAVOTE PARTS

- ☐ _____
- ☐ _____
- ☐ _____
- ☐ _____
- ☐ _____

 **MY ACTION STEPS**

BOOK CHALLENGE #75

TITLE: ....

 MY FEELINGS

 AHA! MOMENTS

 MY FAVOTE PARTS

- ☐ _____
- ☐ _____
- ☐ _____
- ☐ _____
- ☐ _____

 **MY ACTION STEPS**

BOOK CHALLENGE #76

TITLE: ....

 MY FEELINGS

 AHA! MOMENTS

 MY FAVOTE PARTS

- ☐ _____
- ☐ _____
- ☐ _____
- ☐ _____
- ☐ _____

 MY ACTION STEPS

BOOK CHALLENGE #77

TITLE: ....

 MY FEELINGS

 AHA! MOMENTS

 MY FAVOTE PARTS

☐ _____
☐ _____
☐ _____
☐ _____
☐ _____

 MY ACTION STEPS

# BOOK CHALLENGE #78

TITLE: ....

 MY FEELINGS AHA! MOMENTS

 MY FAVOTE PARTS

☐ _____
☐ _____
☐ _____
☐ _____
☐ _____

 MY ACTION STEPS

BOOK CHALLENGE #79

TITLE: ....

 MY FEELINGS

 AHA! MOMENTS

 MY FAVOTE PARTS

- ☐ _____
- ☐ _____
- ☐ _____
- ☐ _____
- ☐ _____

 MY ACTION STEPS

# BOOK CHALLENGE #80

TITLE: ....

 MY FEELINGS

 AHA! MOMENTS

 MY FAVOTE PARTS

- ☐ _____
- ☐ _____
- ☐ _____
- ☐ _____
- ☐ _____

 MY ACTION STEPS

BOOK CHALLENGE #81

TITLE: ....

 MY FEELINGS

 AHA! MOMENTS

 MY FAVOTE PARTS

☐ _____
☐ _____
☐ _____
☐ _____
☐ _____

 **MY ACTION STEPS**

BOOK CHALLENGE #82

TITLE: ....

 MY FEELINGS

 AHA! MOMENTS

 MY FAVOTE PARTS

- [ ] _____
- [ ] _____
- [ ] _____
- [ ] _____
- [ ] _____

 **MY ACTION STEPS**

 # BOOK CHALLENGE #83

TITLE: ....

 MY FEELINGS   **AHA! MOMENTS**

 MY FAVOTE PARTS

☐ _____
☐ _____
☐ _____
☐ _____
☐ _____

 **MY ACTION STEPS**

BOOK CHALLENGE #84

TITLE: ....

 MY FEELINGS   **AHA! MOMENTS**

 MY FAVOTE PARTS

☐ _____
☐ _____
☐ _____
☐ _____
☐ _____

BOOK CHALLENGE #85

TITLE: ....

 MY FEELINGS

 AHA! MOMENTS

 MY FAVOTE PARTS

- [ ] _____
- [ ] _____
- [ ] _____
- [ ] _____
- [ ] _____

 MY ACTION STEPS

BOOK CHALLENGE #86

TITLE: ....

 MY FEELINGS

 AHA! MOMENTS

 MY FAVOTE PARTS

- ☐ _____
- ☐ _____
- ☐ _____
- ☐ _____
- ☐ _____

 **MY ACTION STEPS**

# BOOK CHALLENGE #87

TITLE: ....

 MY FEELINGS

 AHA! MOMENTS

 MY FAVOTE PARTS

- ☐ _____
- ☐ _____
- ☐ _____
- ☐ _____
- ☐ _____

 MY ACTION STEPS

BOOK CHALLENGE #88

TITLE: ....

 MY FEELINGS

 AHA! MOMENTS

 MY FAVOTE PARTS

- ☐ _____
- ☐ _____
- ☐ _____
- ☐ _____
- ☐ _____

# BOOK CHALLENGE #89

TITLE: ....

 MY FEELINGS

 AHA! MOMENTS

 MY FAVOTE PARTS

☐ _____
☐ _____
☐ _____
☐ _____
☐ _____

 MY ACTION STEPS

BOOK CHALLENGE #90

TITLE: ....

 MY FEELINGS

 AHA! MOMENTS

 MY FAVOTE PARTS

☐ _____
☐ _____
☐ _____
☐ _____
☐ _____

 MY ACTION STEPS

Monthly Review

MONTH : ....
YEAR : ....

Sun	Mon	Tue	Wed	Thu	Fri	Sat

BEST BOOKS

1. ....
2. ....
3. ....
4. ....
5. ....

NOTES:

BOOK CHALLENGE #91

TITLE: ....

 MY FEELINGS

 AHA! MOMENTS

 MY FAVOTE PARTS

- [ ] _____
- [ ] _____
- [ ] _____
- [ ] _____
- [ ] _____

BOOK CHALLENGE #92

TITLE: ....

 MY FEELINGS

 AHA! MOMENTS

 MY FAVOTE PARTS

☐ _____
☐ _____
☐ _____
☐ _____
☐ _____

 MY ACTION STEPS

# BOOK CHALLENGE #93

TITLE: ....

 MY FEELINGS

 AHA! MOMENTS

 MY FAVOTE PARTS

- ☐ _____
- ☐ _____
- ☐ _____
- ☐ _____
- ☐ _____

 MY ACTION STEPS

BOOK CHALLENGE #94

TITLE: ....

 MY FEELINGS

 AHA! MOMENTS

 MY FAVOTE PARTS

- ☐ _____
- ☐ _____
- ☐ _____
- ☐ _____
- ☐ _____

 MY ACTION STEPS

BOOK CHALLENGE #95

TITLE: ....

 MY FEELINGS

 AHA! MOMENTS

 MY FAVOTE PARTS

- ☐ _____
- ☐ _____
- ☐ _____
- ☐ _____
- ☐ _____

 **MY ACTION STEPS**

BOOK CHALLENGE #96

TITLE: ....

 MY FEELINGS   AHA! MOMENTS

 MY FAVOTE PARTS

- ☐ _____
- ☐ _____
- ☐ _____
- ☐ _____
- ☐ _____

 MY ACTION STEPS

 # BOOK CHALLENGE #97

TITLE: ....

 MY FEELINGS   **AHA! MOMENTS**

 MY FAVOTE PARTS

☐ _____
☐ _____
☐ _____
☐ _____
☐ _____

 **MY ACTION STEPS**

BOOK CHALLENGE #98

TITLE: ....

 MY FEELINGS

 AHA! MOMENTS

 MY FAVOTE PARTS

- ☐ _____
- ☐ _____
- ☐ _____
- ☐ _____
- ☐ _____

 MY ACTION STEPS

# BOOK CHALLENGE #99

TITLE: ....

 MY FEELINGS   **AHA! MOMENTS**

 MY FAVOTE PARTS

- ☐ _____
- ☐ _____
- ☐ _____
- ☐ _____
- ☐ _____

# BOOK CHALLENGE #100

TITLE: ....

 MY FEELINGS

 AHA! MOMENTS

 MY FAVOTE PARTS

- ☐ _____
- ☐ _____
- ☐ _____
- ☐ _____
- ☐ _____

 MY ACTION STEPS

YOU MADE IT!!!

We know it wasn't an easy journey, so we're incredibly proud of you! Now, we'm eager to hear about the books you read and your key takeaways.

If you'd like to share your experience with the world, head over to this book's Amazon page! Your insights will not only inspire us to create more tools for your journey but will also encourage other young explorers like you to embark on their own exciting adventures!

Thank you for being a part of this story. Let's spread the magic together!

With lots of love,
UPFLY BOOKS

www.ingramcontent.com/pod-product-compliance
Lightning Source LLC
Chambersburg PA
CBHW050729010526
44107CB00009B/795